Celebramos que somos TÚ y YO

Muchas maneras de ser AMIGOS

Christy Peterson

ediciones Lerner ◆ Mineápolis

¡En Sesame Street, celebramos a todos!

En esta serie, los lectores explorarán las diferentes maneras en las que comemos, nos vestimos, jugamos y más. Reconocer nuestras similitudes y diferencias les enseñará a los pequeños a estar orgullosos de sí mismos y a apreciar el mundo que los rodea. Juntos, podemos ser más inteligentes, más fuertes y más amables.

Saludos. Los editores de Sesame Workshop

Contenido

Muchas maneras de ser amigos 4

¡Me da orgullo ser quien soy! 20

Glosario. 22

Más información . . 23

Índice 24

Muchas maneras de ser amigos

La amistad es una relación con alguien por quien te preocupas y que se preocupa por ti. La amistad es una relación con alguien con quien te gusta pasar tiempo.

La amistad puede darse con personas que has conocido durante mucho tiempo. También puede ser con personas que acabas de conocer.

Algunas veces, los amigos viven cerca.
Otros amigos viven lejos.

Mis amigos de México viven muy lejos. Nos enviamos tarjetas.

A los amigos les gusta hacer cosas juntos.
Algunas veces hacen las cosas de manera diferente.

A Abby y a mí nos gusta bailar juntas.

Pero nos gusta hacer pasos de baile diferentes.

Algunas veces a los amigos les gusta hacer mucho ruido mientras juegan.

A Rosita y a mí nos gusta tocar nuestros instrumentos.

Algunas veces los amigos juegan en silencio.

A Julia y a mí nos gusta sentarnos a leer libros.

Hay muchos tipos diferentes de amigos.
¡Algunas veces la amistad no es con personas!

Los amigos pueden venir de lugares diferentes y tener aspectos diferentes.

Algunas veces nos gustan las mismas cosas. Otras veces nos gustan cosas diferentes. Y siempre nos cuidamos entre nosotros.

¡Me da orgullo ser quien soy!

Toma una hoja de papel y algunos crayones o marcadores. Haz un dibujo en el que estés tú y uno de tus amigos y regálaselo.

Glosario

diferente: que no es igual

especial: único

estar de acuerdo: tener la misma opinión sobre algo

preocuparse: sentir interés o preocupación

Más información

Murray, Julie. *Friendship*. Mineápolis: Abdo Kids, 2020.

Peterson, Christy. *Muchas maneras de ser una familia* Mineápolis: ediciones Lerner, 2026.

Rotner, Shelley, and Sheila M. Kelly. *All Kinds of Friends*. Mineápolis: Millbrook, 2018.

Índice

diferente, 10–11, 14, 16, 18

estar de acuerdo, 17

gustar, 4–5, 10–13, 18

jugar, 12–13

preocuparse, 4, 18

Dedicado a Erik

Créditos por las fotografías

Créditos de las imágenes: Ariel Skelley/DigitalVision /Getty Images, p. 4 (arriba); Images By Tang Ming Tung/Getty Images, p. 4 (izquierda abajo); Richard Hutchings/Getty Images, p. 4 (derecha abajo); Gideon Mendel/Getty Images, pp. 6-7; Alistair Berg/DigitalVision/Getty Images, p. 8; ESB Professional/Shutterstock.com, p. 9; Monkey Business Images/Shutterstock.com, pp. 10, 18 (arriba); Nick David/Getty Images, p. 14; BearFotos/Shutterstock.com, pp. 16-17; Jose Luis Pelaez Inc/DigitalVision/Getty Images, p. 18 (izquierda abajo); FatCamera/Getty Images, p. 18 (derecha abajo).

Portada: FatCamera/Getty Images; thebigland/Shutterstock.com; WhitneyLewisPhotography/Getty Images.

Traducción al español: TM and © 2026 Sesame Workshop.
Título original: *Many Ways to Be a Friend*
Texto: TM and © 2023 Sesame Workshop.
La traducción al español fue realizada por Zab Translation.

Todos los derechos reservados. Protegido por las leyes internacionales de derecho de autor. Se prohíbe la reproducción, el almacenamiento en sistemas de recuperación de información y la transmisión de este libro, ya sea de manera total o parcial, por cualquier medio o procedimiento, ya sea electrónico, mecánico, de fotocopiado, de grabación o de otro tipo, sin la previa autorización por escrito de Lerner Publishing Group, Inc., exceptuando la inclusión de citas breves en una reseña con reconocimiento de la fuente.

ediciones Lerner
Una división de Lerner Publishing Group, Inc.
241 First Avenue North
Mineápolis, MN 55401, EE. UU.

Si desea averiguar acerca de niveles de lectura y para obtener más información, favor consultar este título en www.lernerbooks.com.

Fuente del texto del cuerpo principal: Mikado. Fuente proporcionada por HVD.

Library of Congress Cataloging-in-Publication Data

Names: Peterson, Christy, author.
Title: Muchas maneras de ser amigos / Christy Peterson.
Other titles: Many ways to be a friend. Spanish
Description: Mineápolis : ediciones Lerner, 2025. | Series: Celebramos que somos tú y yo con Sesame Street | Includes bibliographical references and index. | Audience: Ages 4-8 | Audience: Grades K-1 | Summary: "A friend is someone you care for and who cares for you. Friends can be new or old, live far or near, and have the same or different interests. Celebrate the many ways to be a friend with your pals from Sesame Street! Now in Spanish!"—Provided by publisher.
Identifiers: LCCN 2024050336 (print) | LCCN 2024050337 (ebook) | ISBN 9798765668160 (library binding) | ISBN 9798765683378 (paperback) | ISBN 9798765674130 (epub)
Subjects: LCSH: Friendship—Juvenile literature. | Interpersonal relations—Juvenile literature.
Classification: LCC BF575.F66 P44818 2025 (print) | LCC BF575.F66 (ebook) | DDC 155.9/25—dc23/eng/20241205

LC record available at https://lccn.loc.gov/2024050336
LC ebook record available at https://lccn.loc.gov/2024050337

Fabricado en los Estados Unidos de América
1-1011889-53749-1/21/2025